Vorwort

Leckere Rezepte für Ihre Silvester Party. Es handelt sich
hierbei um Rezepte für Getränke, sowie auch Rezepte für
ein stilvolles Essen. Alle Rezepte wurden mit dem neuen
Thermomix TM5 zubereitet. Ich habe bei den Rezepten
auch sehr darauf geachtet, dass alles schon vorgekocht
oder vorher zubereitet werden kann, damit alle etwas
vom Fest haben.
Man kann aber alles sehr leicht für andere Thermomix
Geräte abwandeln.

Ich wünsche Ihnen viel Freude mit meinem Buch.

Inhaltsangabe

Wirsingsalat
Kartoffelsalat
Fleischsalat
Guacamole
Thunfisch Frikadellen
Lachs Frikadellen
Krebsfleisch Frikadellen
Mascarpone Eierlikör Creme
Erdbeere Himbeergeist Creme
Batida de Coco Bananen Creme
Käse Plätzchen
Pflaumen Walnuss Rum Gugelgupf
Orangen Cake Pops
Eierlikör Schoko Muffins
Amaretto Macarons
Hefezopf
Kartoffelbrot
Dinkel Kürbis Brötchen
Eierlikör Kuchen im Glas
Weiße Schokolade Himbeere Rum Pralinen

Nachtrag zum Impressum / Copyright

Kokosmilch Eierlikör

Zutaten
400 g Kokosnussmilch
5 Eier
180 g Zucker
1 EL Vanillezucker
200 g klarer Schnaps

Zutaten
Alle Zutaten in den Mixtopf füllen und auf Stufe 5/ 15 Sekunden mischen. Nun alles bei 80 Grad/ 9 Minuten/ Stufe 1 erhitzen. Umfüllen und im Kühlschrank aufbewahren.

Schoko Rum Verführung

Zutaten
100 g Zartbitterschokolade
180 g Rum
300 g Sahne
150 g Zucker
50 g Kakao

Zubereitung
Die Schokolade in den Mixtopf geben und auf Stufe 5/
20 Sekunden zerkleinern. Nun die übrigen Zutaten
einwiegen. Bei 80 Grad/ 9 Minuten erhitzen. Umfüllen
und im Kühlschrank aufbewahren.

Marshmallows Likör

Zutaten
300 g Weiße Marshmallows
1 Liter Kondensmilch 10 %
100 g Vanillezucker
100 g brauner Zucker
250 g Weingeist, 95%

Zubereitung
Alle Zutaten außer den Marshmallows in den Mixtopf
geben. Auf Stufe 5/ 20 Sekunden mischen. Dann nach
und nach immer ein paar Marshmallows hinzugeben und
auf Stufe 5/ 20 Sekunden mischen, bis alles schön sämig
ist. Prosit!

Weiße Schokolade Sahne Likör

Zutaten
100 g Weiße Schokolade
180 g Birnengeist
50 g Whiskey
300 g Sahne
150 g Zucker

Zubereitung
Die Schokolade in den Mixtopf geben und auf Stufe 5/
20 Sekunden zerkleinern. Nun die übrigen Zutaten
einwiegen. Bei 80 Grad/ 9 Minuten erhitzen. Umfüllen
und im Kühlschrank aufbewahren.

Brombeere Likör

Zutaten
250 g Brombeeren
180 g Zucker
250 g Sahne
250 g Weizenkorn
1 Pck. Vanille Zucker

Zutaten
Alle Zutaten in den Mixtopf füllen und auf Stufe 5/ 15 Sekunden mischen. Nun alles bei 80 Grad/ 9 Minuten/ Stufe 1 erhitzen. Umfüllen und im Kühlschrank aufbewahren.

Holunder Likör

Zutaten

1 Liter Holundersaft
400 g Zucker
2 Pck. Vanillezucker
400 g Brauner Rum 54%

Zubereitung
Alle Zutaten außer dem Rum in den Mixtopf geben. Auf
Stufe 5/ 15 Sekunden verrühren. Auf Stufe 1 / 100 Grad/
15 Minuten erhitzen. Abkühlen lassen und dann den Rum
untermischen. Gut durchziehen lassen und genießen.

Erdbeertraum

Zutaten
180 g Zucker
1000 g Erdbeeren
200 g Eiswürfel
100 g Zitronensaft
350 g Wodka
10 Minzeblätter
1 Pck. Vanille Zucker

Zubereitung
Alle Zutaten in den Mixtopf geben. Auf Stufe 5/ 45
Sekunden zerkleinern. In einen Bowle Topf füllen und
genießen.

Kokos Rum Bowle

Zutaten
800 g Kokosmilch
400 g Eiswürfel
180 g Zucker
1 Flasche Sekt
1/2 Flasche Mineralwasser
100 g Rum
200 g Bananen in Scheiben

Zubereitung
Alle Zutaten in den Mixtopf geben. Auf Stufe 5/ 45 Sekunden zerkleinern. In einen Bowle Topf füllen und genießen.

Erfrischende Fruchtbowle

Zutaten
1 Flasche Multivitamin Saft
300 g gemischte Früchte
Saft einer Bio Zitrone
200 g Eiswürfel
½ Flasche Bitter Lemon
1 Flasche Sekt
½ Flasche Mineralwasser

Zubereitung
Alle Zutaten in den Mixtopf geben. Auf Stufe 5/ 45
Sekunden zerkleinern. In einen Bowle Topf füllen und
genießen.

Kiwi Sorbet Bowle

Zutaten
1 Flasche Apfelsaft
300 g Kiwi, geschält, zerkleinert
und gefroren
Saft einer Bio Zitrone
40 Eiswürfel
50 g Zucker
1 Flasche Sekt
1 Flasche Mineralwasser

Zubereitung
Alle Zutaten in den Mixtopf geben. Auf Stufe 5/ 45
Sekunden zerkleinern. In einen Bowle Topf füllen und
genießen.

Pina Colada Bowle

Zutaten
1 Dose Ananas, 850 ml
1 Flasche Orangensaft
100 g Batida de Coco
400 g Bananensaft
150 g weißer Rum

Zubereitung
Alle Zutaten in den Mixtopf geben. Auf Stufe 5/ 45
Sekunden zerkleinern. In einen Bowle Topf füllen und
genießen

Süße Habanero Sauce

Zutaten
60 g Habanero Chili, entkernt
1 rote Paprikaschote
1 gelbe Paprikaschote
1 Tomate
240 g Weißweinessig
1 TL Salz
2 EL Zucker

Zubereitung
Alle Zutaten in den Mixtopf geben. Auf Stufe 5 / 20
Sekunden mischen. Auf Stufe 2/ 100 Grad/ 15 Minuten
kochen. In saubere Gläser füllen und im Kühlschrank
aufbewahren.

BBQ Sauce

Zutaten
2 Tuben Tomatenmark
500 g Wasser
2 EL Flüssigrauch
200 g Weinessig
2 EL Zucker
1 Prise Salz
1 Prise schwarzer Pfeffer
1 EL Honig

Zubereitung
Alle Zutaten in den Mixtopf geben. Auf Stufe 5 / 20 Sekunden mischen. Auf Stufe 2/ 100 Grad/ 17 Minuten kochen. In saubere Gläser füllen und im Kühlschrank aufbewahren.

Kürbispesto

Zutaten
500 g Kürbis
1 Knoblauchzehe zerdrückt
40 g Kürbiskernöl
3 EL Kürbiskerne
3 EL Parmesan, gerieben
etwas Salz
etwas Pfeffer
etwas Muskat

Zubereitung
Den Kürbis in Stücke teilen und ca. 25 – 30 Minuten bei 200 Grad im Ofen garen. Die Kürbiskerne in der Pfanne rösten. Alle Zutaten in den Mixtopf geben und ca. 15 Sekunden/ Stufe 5 zerkleinern. Umfüllen und im Kühlschrank aufbewahren.

Walnuss Tomaten Pesto

Zutaten
100 g Parmesan, in Stücken
3 gepresste Knoblauchzehen
1 Bund Petersilie
125 g getrocknete Tomaten
1 Prise Pfeffer
1 TL Salz
100 g Walnusskerne
30 g Pinienkerne
10 Stück Oliven
150 g Olivenöl
1 Prise Muskat

Zubereitung
Den Käse in den Mixtopf geben und auf Stufe 10/ 15
Sekunden zerkleinern. Nun die übrigen Zutaten
hinzufügen und nochmals 20 Sekunden/ Stufe 5. Im
Kühlschrank aufbewahren.

Steinpilzbutter

Zutaten
50 g Steinpilze, getrocknet
150g Wasser
1 TL Gemüsebrühe
1 TL Salz
1 TL Petersilie getrocknet
1 zerdrückte Knoblauchzehe
250 g Butter

Zubereitung
Die Pilze in das Wasser eine Stunde lang einweichen.
Alles in den Mixtopf geben (mitsamt dem Wasser). Auf
Stufe 1/ 100 Grad/ 12 Minuten erhitzen. Alles abkühlen
lassen. Alle Zutaten in den Mixtopf geben und 1 Minute
auf Stufe 5 pürieren. Umfüllen und im Kühlschrank
aufbewahren.

Zwiebelkuchen

Zutaten
Teig
150 g Butter
100 g Wasser
1 TL Salz
300 g Mehl

20

Belag
500 g Zwiebeln in Scheiben
40 g Öl
250 g Speckwürfel
3 Eier
1 Becher Saure Sahne
500 g Milch
3 EL Mehl
Salz, Pfeffer, Muskat

Zubereitung
Die Teigzutaten in den Mixtopf geben und auf Teigstufe
2 Minuten kneten. Eine Kuchen oder Quiche Form
ausfetten und den Teig hineindrücken. An den Rändern
den Teig etwas hochziehen.
10 g Öl in den Mixtopf geben und den Speck hinzufügen.
2 Minuten / Varoma/ 120 Grad/ Stufe 1.
Nun das restliche Öl und die Zwiebeln hinzugeben. Bei
120 Grad/ Varomastufe/ Stufe 1/ 5 Minuten brutzeln.
Nun die übrigen Zutaten in den Mixtopf geben und auf
Stufe 5/ 15 Sekunden mischen. Auf den Teig geben und
ca. 50 Minuten bei 180 Grad backen.

Pizza Kugeln

Zutaten
300 g Mehl
1 Würfel Hefe
250 g Speisequark
100 ml Milch lauwarm
30 g Öl
1 TL Salz
1 EL Zucker
100 g Röstzwiebeln
125 g Schinkenwürfel
100 g geriebener Käse

Zubereitung
Die Milch mit dem Zucker und der Hefe in den Mixtopf
geben und 10 Sekunden/ Stufe 5. Nun die übrigen
Zutaten hinein geben und 2 Minuten auf Brotstufe kneten.
Den Teig 30 Minuten gehen lassen. Ein Backblech mit
Backpapier auskleiden. Den Teig zu kleinen Kugeln
formen und nochmals 30 Minuten gehen lassen. Bei 180
Grad ca. 20 bis 25 Minuten backen.

Zucchini Feta Muffins

Zutaten
30 g Öl
1 Zucchini
100 g Feta in Stücken
180 g Mehl
2 TL Backpulver
1 Ei
150 ml Milch
1 Prise Muskat
1/2 TL Rosmarin
1 zerdrückte Knoblauchzehe
Salz, Pfeffer

Zubereitung
Alle Zutaten in den Mixtopf einwiegen und auf Stufe 5/ 1
Minute mixen. Ein Muffinblech mit Muffin Förmchen
auskleiden und die Mulden zu zwei Dritteln mit dem
Teig füllen. Bei 180 Grad 20 bis 25 Minuten backen.

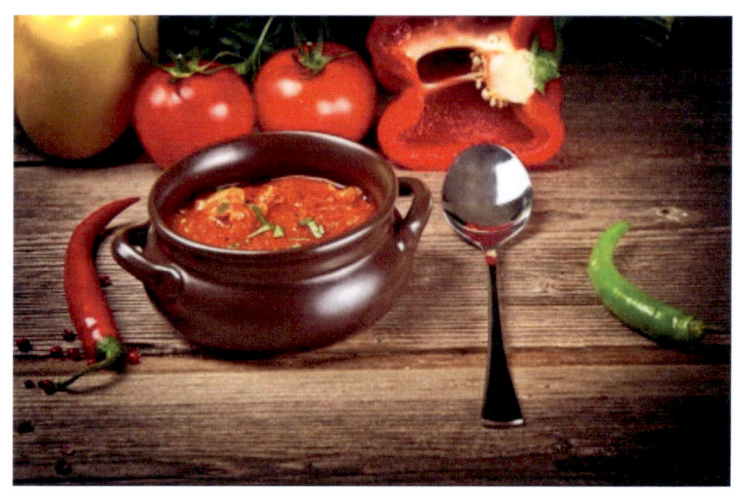

Gulaschsuppe

Zubereitung
2 Zwiebeln in Ringen
40 g Erdnussöl
400 g Rindergulasch gewürfelt
750 g Brühe
200 g Rotwein, trocken
Salz, Pfeffer, Paprika Rosenscharf nach Geschmack
1 TL Kümmel
1 zerdrückte Knoblauchzehe
250 g Tomaten aus der Dose in Stücken
1 Schote gelber Paprika
300 g Kartoffeln in Würfeln

Zubereitung

Das Öl in den Mixtopf geben und 30 Sekunden/ Stufe 1/ 120 Grad erwärmen. Nun die Zwiebeln hinzufügen und 3 Minuten/ 120 Grad/ Stufe 1. Jetzt das Gulasch hinzugeben und 5 Minuten/ 120 Grad/ Stufe 1. Die übrigen Zutaten in den Topf einwiegen und 70 Minuten/ 100 Grad/ Stufe 1. Guten Appetit.

Kokos Rote Linsen Suppe

Zutaten
180 g rote Linsen
1 Bund Suppengrün
1 Zwiebel
1 kleines Stück Ingwer
2 Knoblauchzehen, gepresst
800 g gelöste Gemüsebrühe
1 Dose Kokosmilch
1 TL Kürbiskernöl
1 TL Curry Madras
Saft eine Zitrone
½ Chili Schote, mild
Salz
Pfeffer

Zubereitung
Knoblauch, Zwiebel und Ingwer (geschält) in den
Mixtopf geben und auf Stufe 4/ 3 Sekunden zerkleinern.
Nun das Öl hinzufügen und 2 Minuten auf Stufe 1/ 100
Grad andünsten. Nun die übrigen Zutaten hinzugeben
und auf Rührstufe/ 25 Minuten/ 100 Grad. Danach alles
auf Stufe 5/ 1 Minute pürieren und nochmals mit Salz
und Pfeffer abschmecken. Guten Appetit!

Waldpilzsuppe

Zutaten
500 g frische Pilze
2 Zwiebeln
1 TL Zucker
30 g Butter
400 g Waldpilzfond
400 g Gemüsebrühe
150 g Sahne
Salz/Pfeffer/Muskat/Thymian

Zubereitung

Die Zwiebeln in den Mixtopf geben und auf Stufe 5/ 4 Sekunden zerkleinern. Die Butter hinzugeben und auf Stufe 1/ 100 Grad/ 3 Minuten andünsten. Nun alle Zutaten außer die Sahne hinein geben und auf Stufe 1/ 100 Grad/ 20 Minuten erhitzen. Auf Stufe 5/ 1 Minute fein pürieren. Die Sahne hinzugeben und nochmals 15 Sekunden/ Stufe 5. Auf Stufe 1/ 100 Grad/ 2 Minuten. Fertig ist eine leckere und sämige Suppe.

Blumenkohl Prosecco Suppe

Zutaten
400 g Blumenkohl in
Röschen
1 Zwiebel
1 Knoblauchzehe
30 g Kürbiskernöl
Salz
Pfeffer
400 g Prosecco
1/4 Liter Apfelsaft
1/2 Liter Gemüsebrühe
200 g Crème fraîche
Muskatnuss
Cayennepfeffer
40 g Butter
2 Esslöffel Honig

Zubreitung
Die Knoblauchzehe und die Zwiebel in den Mixtopf
geben. Auf Stufe 4/ 3 Sekunden zerkleinern. Das Öl
hinzugeben und 1 Minute auf Rührstufe/ 100 Grad
andünsten. Nun die übrigen Zutaten einwiegen. Die
Suppe bei 100 Grad/ 25 Minuten/ Rührstufe kochen. Nun
auf Stufe 5/ 1 Minute fein pürieren. Guten Appetit.

Pastinakensuppe

Zutaten
1 Zwiebel, geschält
250 g Pastinaken, geschält, in Stücken
100 g Möhren, in Stücken
30 g Öl
300 g heiße Gemüsebrühe
100 g Creme fraiche
Salz, Muskat und Pfeffer, nach Geschmack
Prise Piment gemahlen

Zubereitung
Den Mixtopf auf Stufe 5 Stellen und den Messbecher
entfernen. Die Zwiebel ins offene Messer fallen lassen.
Grob 5 Sekunden zerkleinern. Das Öl hinzufügen und auf
Stufe 1/ 100 Grad/ 2 Minuten andünsten. Die übrigen
Zutaten in den Mixtopf geben und auf Stufe 5/ 30
Sekunden zerkleinern. Bei 100 Grad/ Stufe 1/ 18 Minuten
kochen und genießen.

Hackfleisch Käse Lauch Suppe

Zutaten
300 g Porree
500 g Hackfleisch gemischt
100 g Speckwürfel, mager
500 Wasser
3 TL Gemüsebrühe
20 g Sonnenblumenöl
400 g Schmelzkäse
200 g Sahne
200 g Creme fraiche
Pfeffer
Salz
Paprika
Muskat

Zubereitung
Porree waschen und in Scheiben schneiden, sowie mit dem Öl in den Mixtopf geben. Auf Stufe 1/ 100 Grad/ 5 Minuten andünsten. Das Hackfleisch mit dem Speck in einer Pfanne anbraten. Nun alle Zutaten in den Mixtopf geben. 18 Minuten/ Stufe 1/ 100 Grad kochen. Guten Appetit!

Wirsingsalat

Zutaten
1 Bund Schnittlauch
1 Stück Zwiebel, rot - für die Optik
300 g Wirsing, in Stücken
250 g Apfel, geviertelt
100 g saure Sahne
2 TL Senf
1/2 TL Salz
3 TL Zucker

Zubereitung
Schnittlauch und Zwiebel in den Mixtopf geben und 12 Sekunden/ Stufe 5 zerkleinern. Die übrigen Zutaten hinzugeben und 6 Sekunden/ Stufe 5 zerkleinern. Der Salat kann in eine Schüssel umgefüllt und verzehrt werden.

Kartoffelsalat

Zutaten
900 g Kartoffeln
1 Zwiebel
50 g Gewürzgurken
40 g Gewürzgurkenwasser
260 g Mayonnaise
1 EL Senf
1 EL Zitronensaft
1 TL Salz
1 TL Zucker
1/4 TL Pfeffer
1 TL Schnittlauch, getrocknet

Zubereitung

Die Kartoffeln zusammen mit 500 g Wasser und 1 TL Salz in den Mixtopf geben. Auf Rührstufe bei 100 Grad 30 Minuten kochen. Aus dem Mixtopf nehmen, abschrecken, pellen und in Scheiben schneiden. Das Wasser aus dem Mixtopf schütten. Die Gurken und die Zwiebel einwiegen. 3 Sekunden auf Stufe 4 zerkleinern. Die restlichen Zutaten einwiegen und 15 Sekunden/ Stufe 3. Über die Kartoffeln geben und vermischen. Kalt stellen und genießen!

Fleischsalat

Zutaten
300 g Fleischwurst
150 g Gurken
100 g Mayonnaise
65 g Schmand
30 g Gurkenwasser
1 Prise Zucker
1/4 TL Salz
Pfeffer

Zubereitung
Die Gurken und die Fleischwurst in den Mixtopf geben
und 4 Sekunden/ Stufe 4. Nun die übrigen Zutaten
einwiegen. 10 Sekunden auf Stufe 3 mischen. Eventuell
nochmals abschmecken und servieren.

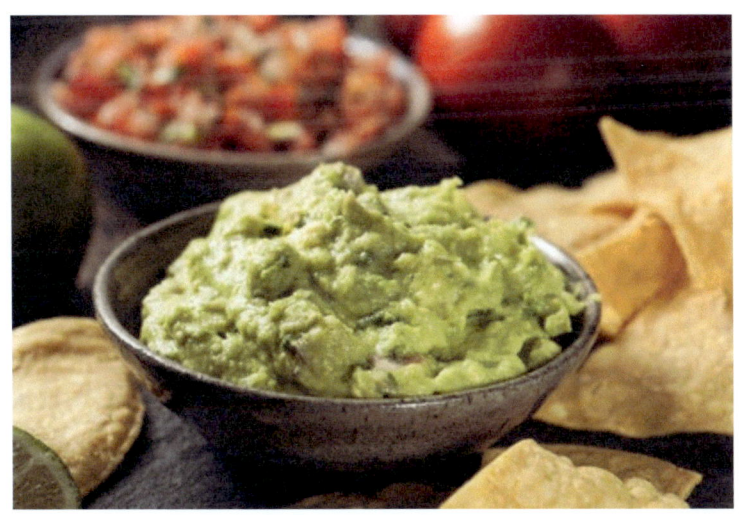

Guacamole

Zutaten
2 Knoblauchzehen, gepresst
2 Avocados, bzw. das Fruchtfleisch
40 g Olivenöl
1 EL Zitronensaft
50 g Kürbiskerne
1 gestrichener TL Kräutersalz
80 g Schmand
1 EL Petersilie, gehackt

Zubereitung
Alle Zutaten in den Mixtopf geben. Auf Stufe 5/ 1
Minute zerkleinern. Umfüllen und im Kühlschrank
aufbewahren.

Thunfisch Frikadellen

Zutaten
150 g Ricotta Käse
200 g Thunfisch aus der Dose,
abgetropft
1 Ei
4 EL Paniermehl
2 EL Parmesan
2 EL Petersilie
1 EL Schnittlauch, gehackt
Salz
Pfeffer
Paniermehl
Öl oder Margarine
Zum Braten

Zutaten
Alle Zutaten, außer Öl, in den Mixtopf geben. Die Masse
3 Minuten/ Stufe 2 zu einer homogenen Masse verbinden.
Aus dem Teig kleine Frikadellen formen und mit dem Öl
anbraten. Guten Appetit.

Lachs Frikadellen

Zutaten
150 g Frischkäse
200 g Lachs, geräuchert
1 Knoblauchzehe, gepresst
1 EL süßer Senf
1 Ei
4 EL Paniermehl
2 EL Parmesan
2 EL Petersilie
1 EL Schnittlauch, gehackt
Salz
Pfeffer
Paniermehl
Öl oder Margarine
Zum Braten

Zutaten
Alle Zutaten, außer Öl, in den Mixtopf geben. Die Masse
3 Minuten/ Stufe 2 zu einer homogenen Masse verbinden.
Aus dem Teig kleine Frikadellen formen und mit dem Öl
anbraten. Guten Appetit.

Krebsfleisch Frikadellen

Zutaten
150 g Frischkäse mit Kräutern
200 g Krebsfleisch, gekocht
1 Knoblauchzehe, gepresst
1 EL Sahne Meerrettich
1 Ei
4 EL Paniermehl
2 EL Parmesan
2 EL Petersilie
1 EL Petersilie, gehackt
Salz
Pfeffer
Paniermehl
Öl oder Margarine
Zum Braten

Zutaten
Alle Zutaten, außer Öl, in den Mixtopf geben. Die Masse
3 Minuten/ Stufe 2 zu einer homogenen Masse verbinden.
Aus dem Teig kleine Frikadellen formen und mit dem Öl
anbraten. Guten Appetit.

Mascarpone Eierlikör Creme

Zutaten
200 g Zucker
280 g Eierlikör
600 g Mascarpone
500 g Crème fraîche
50 g Sahne
20 g Himbeergeist

Zubereitung
Alle Zutaten in den Mixtopf einwiegen und auf Stufe 5/
30 Sekunden mischen. In Schälchen füllen und in den
Kühlschrank stellen.

Erdbeere Himbeergeist Creme

Zutaten
200 g Zucker
200 g Erdbeeren
600 g Mascarpone
500 g Crème fraîche
50 g Sahne
100 g Himbeergeist

Zubereitung
Alle Zutaten in den Mixtopf einwiegen und auf Stufe 5/
30 Sekunden mischen. In Schälchen füllen und in den
Kühlschrank stellen.

Batida de Coco Bananen Creme

Zutaten
200 g Zucker
120 g Batida de Coco
600 g Mascarpone
500 g Crème fraîche
50 g Sahne
300 g Bananen, in Scheiben
50 g Kokosraspeln

Zubereitung
Alle Zutaten in den Mixtopf einwiegen und auf Stufe 5/
30 Sekunden mischen. In Schälchen füllen und in den
Kühlschrank stellen.

Käse Plätzchen

Zutaten
150 g Butter
1 Ei
1/2 TL Salz
250 g Parmesan
250 g Mehl
50 g Mandeln, gemahlen
1 Prise Muskat
½ TL Kräuter der Provence

Zubereitung
Alle Zutaten in den Mixtopf geben. Auf Teigstufe 2
Minuten kneten. Den Teig auf eine bemehlte
Arbeitsfläche geben und ausrollen. Plätzchen ausstechen.
Ein Backblech mit Backpapier auskleiden und die
Plätzchen darauf verteilen. Bei 180 Grad Ober und
Unterhitze ca. 18 Minuten backen,

Pflaumen Walnuss Rum Gugelhupf

Zutaten
100 g Walnüsse, gemahlen
100 g Schokostreusel
200 g Pflaumen in Stücken
120 g Butter
5 Eier
1 Pck. Backpulver
130 g Mehl
1 Prise Zimt
1 Prise Muskat
100 g Milch
100 g Rum
150 g Zucker

Zubereitung
Die Pflaumen in den Mixtopf geben und 15 Sekunden/
Stufe 5 zerkleinern. Nun die übrigen Zutaten hinzugeben
und 50 Sekunden auf Stufe 5 verrühren. Eine
Gugelhupfform einfetten und den Teig hineinfüllen. Bei
180 Grad ca. 1 Stunde backen.

Orangen Cake-Pops

Zutaten

Kuchenteig
250 g Butter
180 g Zucker
1 Päckchen Vanillezucker
4 Eier
250 g Mehl
2 gestrichene TL Backpulver
abgerieben Schale von 2 unbehandelten Orangen
2 EL Orangensaft

Frosting
50 g Frischkäse
20 g weiche Butter
150 g Zucker 20 Sekunden
auf Stufe 10 zu Puderzucker mahlen
1 EL Orangensaft
Lebensmittelfarbe nach Belieben
Holzspieße

Dekor
Kuvertüre nach Wahl
Streuzucker oder Zuckerdekor
Smarties oder Bonbons
nach Belieben

Zubereitung
Den Backofen auf 180 Grad Ober- und Unterhitze
vorheizen. Eine Backform mit etwas Butter einfetten. Es
werden zuerst die Zutaten für den Kuchenteig benötigt.
Eier, Butter und Zucker in den Mixtopf geben. Auf Stufe
5/ 30 Sekunden schaumig rühren. Nun die übrigen
Zutaten in den Mixtopf geben und auf Stufe 10 / 1
Minute luftig schlagen. Den Teig in die Kuchenform
geben und ca. 45 Minuten backen.

Lassen Sie den Kuchen nun erkalten. Jetzt die harten Ränder abschneiden und den Kuchen in einer Schüssel fein zerkrümeln. In den ausgespülten Mixtopf alle Zutaten für das Frosting geben und auf Stufe 2/ 1 Minute schlagen. Den zerkrümelten Teig kneten. Etwa eine walnussgroße Menge Teig nehmen und flach drücken (etwas in der Form, als wenn man Plätzchen mit einer runden Form aussticht). In der Mitte des Teiges einen guten Esslöffel des Frostings geben und alles zu einer Kugel rollen. Die Kugeln für eine Stunde im Kühlschrank stellen. In der Zwischenzeit im Wasserbad die Kuvertüre schmelzen und die Dekor Artikel bereitstellen. Die Kugeln aus dem Kühlschrank nehmen und in jede Kugel ein Holzspieß stecken. Dann jede Kugel in die Kuvertüre tauchen. Die Schokolade kurz etwas fester werden lassen und dann in das gewünschte Dekor tauchen. Vor dem Verzehr noch mindestens eine Stunde im Kühlschrank aushärten lassen.

Eierlikör Schoko Muffins

Zutaten
150 g Zartbitter Schokolade, gehackt
250 g Butter
180 g Zucker
1 Pck. Vanillinzucker
4 Eier
250 g Mehl
1 Pck. Backpulver
150g Eierlikör
60 g Sahne

Zubereitung
Alle Zutaten in den Mixtopf geben und auf Stufe 5/ 1
Minute zu einem sämigen Teig vermischen. Ein
Muffinblech mit Muffinförmchen auskleiden und jeweils
zur Hälfte mit dem Teig füllen. Im vorgeheizten Ofen bei
180 Grad Ober und Unterhitze ca. 18 bis 20 Minuten
backen.

Amaretto Macarons

Zutaten
Macaronschalenteig
125 g gemahlene weiße Mandeln
150 g Puderzucker
100 g Zucker, fein
4 Eiweiße

Füllung
250 g Butter
3 EL Amaretto
140 g Puderzucker
160 g Mandeln

Zubereitung

Wir beginnen mit den Macaronschalen.

Mandeln und Puderzucker in den Mixtopf geben und nochmals auf Stufe 10/ 15 Sekunden mahlen. In eine Schüssel umfüllen.

Den Topf reinigen. Den Schmetterling einsetzen und das Eiweiß einfüllen. Auf Stufe 4/ ca. 2 Minuten steif schlagen. Den Schmetterling entfernen. Nun die übrigen Teigzutaten hinzugeben. Wer mag, kann noch ein paar Tropfen Lebensmittelfarbe hinzugeben. Auf Stufe 2/ 15 Sekunden rühren. Die Masse in einem Spritzbeutel umfüllen. Ein Backblech mit Backpapier belegen. Die Masse portionsweise mit dem Spritzbeutel auf das Blech setzen. Die Masse bei 150 Grad Umluft ca. 15 Minuten backen. Die Schalen abkühlen lassen.

Füllung

Alle Zutaten für die Füllung in den sauberen Mixtopf geben. Auf Stufe 5/ 30 Sekunden schlagen. Man braucht eine Macaronschale als Oberteil und eine als Unterteil. Die Schalen mit der Masse füllen und kaltstellen.

Hefezopf

Zutaten
Teig
500 g Mehl
300g Wasser, handwarm
1 Würfel Hefe
80 g Zucker
3 Eier
60 g Butter
100 g Rosinen

Belag
50 g Hagelzucker
etwas Milch

Zubereitung
Alle Zutaten für den Teig in den Mixbecher geben und
auf Teigstufe 2 Minuten kneten. Aus den Mixtopf
nehmen und an einen warmen Ort 1 Stunde gehen lassen.
In drei Teilen schneiden und einen Zopf daraus formen.
Nochmals 20 Minuten gehen lassen. Mit etwas Milch
bestreiche und mit dem Zucker dekorieren. Etwa 40
Minuten bei 200 Grad backen.

Kartoffelbrot

Zutaten
350 g gekochte Kartoffeln,
1 Tl. Salz
1 Pck. Trockenhefe
1 TL Zucker
80 g Wasser
1 Prise Muskat
250 g Mehl
2 El Öl

Zubereitung
Die Kartoffeln müssen völlig kalt sein. In den Mixtopf
geben und auf Stufe 5/ 30 Sekunden zerkleinern. Die
übrigen Zutaten hinzugeben und auf Teigstufe 2 Minuten
kneten. Eine Kastenform einfetten und den Teig
hineindrücken. Eine Stunde an einen warmen Ort gehen
lassen. Den Backofen auf 180 Grad vorheizen und das
Brot ca. 1 Stunde backen.

Dinkel Kürbis Brötchen

Zutaten
120 g Dinkelmehl
500 g Weizenmehl
360 g Kürbis
40 g lauwarmes Wasser
1 Würfel Hefe
1 Teelöffel Zucker
2 Teelöffel Salz
1 EL Kürbiskernöl

Zubereitung
Den Kürbis in den Mixtopf geben und auf Stufe 10/ 1
Minute pürieren. Die übrigen Zutaten hinzugeben und
nochmals 1 Minute auf Stufe 10. Nun auf Teigstufe 2
Minuten kneten.
Ein Backblech mit Backpapier belegen. Den Teig aus den
Mixtopf nehmen und 1 Stunde gehen lassen. Zu Brötchen
formen und auf das Blech geben. Nochmals 10 Minuten
gehen lassen. Bei 200 Grad ca. 20 bis 25 Minuten
backen

Eierlikör Kuchen im Glas

Zutaten
5 Eier
200 g Zucker
1 Pck. Vanillezucker
250 g Öl
150 g Eierlikör
100 g Sahne
250 g Mehl
1 Pck. Backpulver

12 Gläser für jeweils 240 ml Inhalt
etwas Butter und Semmelbrösel für die
Gläser

Zubereitung
Alle Zutaten in den Mixtopf geben. Auf Stufe 5/ 1
Minute rühren. Den Teig nach unten schieben und
nochmals 30 Sekunden auf Stufe 5 rühren. Die Gläser
mit Butter gut einfetten und mit Semmelbrösel einstreuen.
Nun die Gläser zur Hälfte mit Teig befüllen und auf das
Backblech stellen. Bei 180 Grad Ober und Unterhitze ca.
30 Minuten backen. Danach die Gläser sofort
verschließen. Der Kuchen hält sich nun ca. 3 Monate.

Weiße Schokolade Himbeere Rum Pralinen

Zutaten
600 g Weiße Schokolade
200 g Butter
20 g Sahne
100 g Himbeere Marmelade
1 Fläschchen Rumaroma
20 g Rum

Zubereitung
Alle Zutaten in den Mixtopf geben und auf Stufe 5/ 1
Minute zerkleinern. Jetzt alles 6 Minuten/ 60 Grad/ Stufe
3 schmelzen. In Pralinenformen füllen und 2 Stunden kalt
stellen. Guten Appetit!

Nachtrag zum Impressum / Copyright

Fotolia . com
- Jenny Sturm
- Philipimage
- Goldbany
- Mara Zemgaliete
- Ars Urikusch
- Christian Jung
- Darius Dzinnik
- Fredredhart
- Chetianu
- Brent Hofacker
- Handmade Pictures
- Printemps
- Studio Gi
- Doris Heinrichs
- Pixel & Creation

Herstellung und Verlag:
BoD - Books on Demand, Norderstedt
ISBN 978-3-7347-3323-9